Irene Margil

Die Hamburger Alsterschwäne

Hallo!
Wir sind Mia und Matteo und wohnen am Alsterufer.
In diesem Buch erzählen wir von unserem Abenteuer
mit den Alsterschwänen Hauke und Alina und
berichten vom Schwanenvater.
Dazu findest Du viele Informationen zu den
Hamburger Alsterschwänen.

BOYENS

Schau! Im Winterquartier schwimmen Hauke und Alina mit den anderen Alsterschwänen auf dem Eppendorfer Mühlenteich. Eine sprudelnde Pumpe schützt sie vor Eis und Kälte. Im letzten Jahr haben sie in unserem Garten am Ufer genistet.

Hast Du die beiden schon entdeckt?

Heute ist es so weit: Der Schwanenvater führt alle von hier zurück auf den See und die Kanäle.

Die Leute in Hamburg sagen:
Jetzt beginnt der Frühling.

Der Schwanenvater begleitet die Schwäne. Hauke und Alina nähern sich unserem Garten. „Da sind sie. Da!", rufen wir und springen auf. Die beiden erschrecken und schwimmen weg. Wir bleiben still sitzen. Ob sie wiederkommen?

Juhu!
Hauke und Alina kehren zurück
und besetzen ihr Nest.
Nach den Winterstürmen ist es
zerzaust und kaputt.
Eifrig beginnen sie mit der Reparatur.
Hauke bringt Baumaterial heran.
Alina legt jedes Ästchen an die passende Stelle.
Nun wird sie bald brüten.

Ein paar Tage später bleibt Hauke lange weg.
Wir halten im Garten Ausschau nach ihm
und schlagen Alarm.
„Mama! Papa! Kommt! Hauke ist verschwunden.
Wir müssen das dem Schwanenvater melden!"

Der Schwanenvater steigt sofort in sein Boot
und sucht am Ufer nach Hauke.
Wir suchen mit Mama und Papa
zwischen Büschen,
unter Laubhaufen,
hinter Bänken.
Überall.
Nirgendwo finden wir Hauke.

Doch da! Endlich!
Im Ufergras entdecken wir Hauke.
Vorsichtig schieben wir
das Gebüsch beiseite.
Aber da liegt nur ein Sportschuh.
Wir suchen weiter.

„Da! Da ist Hauke!", ruft Matteo.
Er zeigt auf das Ufergras.
Tatsächlich!
Aber Hauke bewegt sich nicht.
Aufgeregt winken wir den Schwanenvater ans Ufer.

Vorsichtig befreit der Schwanenvater
Haukes Beine von einer Schnur.
Dabei erklärt er:
„Hauke hat sich in einer Schnur verfangen.
Zum Glück habt ihr ihn gefunden.
Er ist schwach und durstig.
Ich fahre ihn zurück zum Nest."
Da öffnet Hauke die Augen.

Alina begrüßt Hauke
mit Geschnatter und Geflatter.
Wir holen Haferflocken
aus dem Haus.
Die mag Hauke besonders gern.

Schon bald geht es ihm wieder besser.

Nach ein paar Wochen brütet Alina.
Mit dem Fernrohr beobachten wir,
wie sie die Eier dreht und wendet.
Wir zählen. Es sind sechs Eier!

Wenige Tage später klopft
das erste Küken an die Schale.
Und kurz darauf
sind alle geschlüpft.

Schon bald
machen alle
einen Ausflug
aufs Wasser.

Vielleicht
siehst Du
Hauke und Alina
auf dem See oder
auf einem Kanal?

In der Schleuse am Rathaus ist heute viel los: Jedes Jahr im November verabschieden sich viele Menschen von den Schwänen.

Sie beobachten, wie der Schwanenvater seine Schützlinge einsammelt.
Auch Hauke und Alina.

Die Schwäne kehren zurück ins Winterquartier.
Dort kümmert sich der Schwanenvater um genug Nahrung
und einen guten Platz zum Überwintern.

Die Leute hier sagen: Jetzt kommt der Winter.

Hallo!
Sie sind der Hamburger Schwanenvater.
Danke, dass wir Ihnen ein paar Fragen stellen dürfen:

1 **Der Schwanenvater rettet Hauke aus einer Schnur. Passiert so etwas oft?**
Ja. Wir retten viele Wassertiere, die sich nicht mehr
aus Schnüren von Angeln, Drachen oder anderen
liegengebliebenen Sachen befreien können.

2 **Können uns Schwäne gefährlich werden?**
Die meisten Menschen haben Angst vor einem Biss.
Gefährlicher sind die kräftigen Schläge mit den Flügeln.
Die haben mir mal eine gebrochene Nase beschert.
So etwas passiert aber nur, wenn sich
die Tiere bedroht fühlen.

3 **Warum dürfen wir Hauke und Alina nur aus der Ferne beobachten?**
Schwäne sind Wildtiere. Mit der wachsenden Zahl an Menschen, die auf
der Alster Freizeitsport betreiben, werden die Tiere immer öfter gestört.
Darum nisten einige abseits vom Ufer, teilweise in der Nähe von
Spazierwegen. Es ist sehr wichtig, den Lebensraum der Tiere zu achten.
Das bedeutet: Möglichst viel Abstand halten, auf Fotos aus der Nähe
verzichten, keine Gegenstände ins Nest werfen, Trennzäune beachten
und die Nester nicht zerstören.